Ile de la Réunion

INSTRUCTION PUBLIQUE

RAPPORT

SUR

L'ENSEIGNEMENT PRIMAIRE

POUR L'ANNÉE 1881

ADRESSÉ A MONSIEUR LE GOUVERNEUR

PAR

MONSIEUR LECADET, Vice-Recteur P. I.

T. D.

TH. DROUHET FILS, IMPRIMEUR DU GOUVERNEMENT

1882

DE LA RÉUNION

SERVICE

DE

nstruction Publique

CABINET

U VICE-RECTEUR

Saint-Denis, le 8 février 1882.

MONSIEUR LE GOUVERNEUR,

J'ai l'honneur de vous adresser la statistique de l'enseignement primaire dans la Colonie pour l'année 1881.

NOMBRE DES ÉCOLES. — L'instruction est donnée dans 116 écoles dont 104 communales et 12 subventionnées, 3 asiles, 3 ouvroirs, et 28 institutions libres.

Les écoles communales et subventionnées se divisent de la manière suivante :

Écoles Communales		Écoles subventionnées		
Laïques	Cong.	Laïques	Cong.	Total.
37	13	4	»	54
26	28	8	»	62
63	41	12	0	116

Les 3 salles d'asile sont situées : 2 à Saint-Denis, 1 à Saint-Paul.

Les 3 ouvroirs : 1 à Saint-Denis, 1 à Saint-Paul, 1 à Sainte-Suzanne.

Parmi ces 116 écoles 10 sont classées comme

très bonnes, 16 comme bonnes et **23** comme assez bonnes.

Les écoles congréganistes situées généralement dans les principaux centres de population, sont parfaitement installées et munies d'un outillage complet.

Il n'en est malheureusement pas de même des écoles laïques. Trop souvent elles sont établies dans des locaux insuffisants, mal disposés, privés d'air et de lumière, et dépourvus de matériel. Ce n'est pas seulement l'absence de cartes géographiques, de tableaux de lecture et même de livres que nous avons à signaler ; c'est encore l'insuffisance et même le manque de tables et de bancs.

On comprend que dans de telles conditions, une école ne puisse être prospère. Le maître, quelles que soient sa valeur et sa bonne volonté, se fatigue bientôt de lutter contre ces difficultés matérielles, et les élèves, devant ce délabrement de l'École, n'apprennent pas à la respecter.

Voici du reste la liste des écoles dont l'installation laisse le plus à désirer :

1° Ecoles installées dans des locaux appartenant aux communes.

Ecoles laïques de Garçons

La Nouvelle (St-Paul) — La classe se fait dans l'Eglise.

Bois de Nèfles (id) — Local en très mauvais état, matériel insuffisant, classe trop petite, les deux maîtres sont dans la même salle.

Les Lianes (St-Joseph) — La salle de classe n'a pas 6 m² pour 20 élèves.

Langevin (id) — Matériel insuffisant et en mauvais état. Pas de tables dans la petite classe. Il pleut dans la salle.

Ste-Rose. — Local découvert par le dernier cyclone. Il y pleut comme dans la rue.

Plaine des Palmistes. — Local trop exigu, 20^{mq} par 60 élèves. Matériel très défectueux.

ECOLES LAÏQUES DE FILLES

Entre-Deux (St-Pierre).— Local trop petit; les classes ne sont pas séparées.

Les Lianes (St-Joseph). — Local insuffisant, en très mauvais état. Il pleut dans la classe.

ECOLES CONGRÉGANISTES DE FILLES

Bethléem (St-Benoit).— Local et matériel en état pitoyable.

2° *Ecoles installées dans des locaux loués par la commune.*

ECOLES LAÏQUES DE GARÇONS

Le Guillaume (St-Paul).— Classe trop petite. Matériel insuffisant.

St-Gilles les hauts. — Installation déplorable.

La Saline (St-Paul).— Matériel à renouveler. Les tables ne tiennent pas debout.

Dos d'Ane (id). — Local insuffisant. Matériel manque complétement.

Le Piton (St-Leu). — Local tout à fait insuffisant et placé trop près de la route nationale.

La Fontaine (id). — Matériel à renouveler. Local trop exigu.

Cilaos (St-Louis). — Local insuffisant et en mauvais état. Matériel incomplet.

Le Ruisseau (id). — Local trop exigu. Le matériel fort incomplet.

La Rivière (id). — Local dans un état déplorable, ouvert à tous les vents. Le matériel très défectueux n'est pas fourni par la commune. Les classes ne sont pas séparées.

La Ravine Sèche (id). — 10 ^{mq} pour 25 élèves. Matériel incomplet.

Les Avirons (id). — 30 ^{mq} pour 85 élèves. Matériel incomplet. Classes non séparées.

Le Tampon (St-Pierre). — Local insuffisant.

Bras de Pontho (id). — Local trop exigu. Matériel défectueux.

Ravine des Cabris (id). — Local trop petit. Matériel défectueux.

L'Anse (id). — Local insuffisant et en mauvais état.

Roche Plate (St-Joseph). — Local trop petit. Matériel incomplet.

ÉCOLES LAÏQUES DE FILLES

Le Guillaume (St-Paul)

La Saline (id) } L'institutrice n'est pas logée et ne reçoit aucune indemnité de logement.

St-Gilles les hauts (id). — Matériel très incomplet.

Le Piton (St-Leu). — Matériel très incomplet.

L'Etang (id). — Local trop exigu.

Les Trois Bassins (id). Local insuffisant. Matériel incomplet.

Cilaos (Saint-Louis). — Local trop étroit. Les classes ne sont pas séparées. Pas de matériel.

La Rivière (id). — (id).

L'Etang Salé (id). —   id.
Les Avirons (id). — Etat déplorable.
Ravine des Cabris (St-Pierre). — Local trop étroit, dans un état déplorable.
Petite-Ile (id). — Local trop étroit.
Grand Bassin (id). — Ecole mixte. Salle de classe insuffisante. Matériel très incomplet.
Rivière des Roches (St-Benoit). — Etat déplorable.
Grand Ilet (Salazie). — Local trop étroit.

ECOLES CONGRÉGANISTES DE FILLES

Les Colimaçons (St-Leu). — Matériel tout à fait incomplet.
Le Tampon (St-Pierre). — Les élèves de l'Ecole gratuite sont installés sous un hangar ouvert à tous les vents. Pas de tables.
Hell-Bourg (Salazie). — Local tout à fait insuffisant. Matériel très incomplet. Pas de tables dans la petite classe qui se tient sous la varangue.

POPULATION: — Les écoles publiques ont été fréquentées en 1881 par 4,883 garçons et 5,373 filles ; total 10,256. A ce chiffre il faut ajouter 770 enfants dans les asiles, 70 dans les ouvroirs, et environ 850 jeunes filles dans les écoles libres, soit en totalité 11,946 élèves.

Les écoles congréganistes comptent environ 3,000 garçons et 3,300 filles, tandis que les écoles communales laïques ne réunissent que 1,880 garçons et environ 2,000 jeunes filles.

En ajoutant à ce nombre environ 700 jeunes gens qui suivent l'enseignement secondaire, nous trouvons un chiffre de 12,600 enfants qui reçoivent l'instruction.

La population dans l'âge scolaire pouvant être évaluée à 24,000, le nombre des enfants qui ne reçoivent aucune instruction est de 48 0/0.

FRÉQUENTATION DES ÉCOLES. — Dans les visites faites aux écoles nous avons eu à constater des absences trop nombreuses, surtout dans les écoles de hameau. On peut évaluer à 33 0/0 le nombre des élèves qui ne fréquentent la classe que d'une manière irrégulière. C'est là une chose profondément regrettable, non seulement parce qu'elle est funeste à l'instruction de ces enfants, mais encore et surtout parce qu'elle est nuisible au progrès général.

Les causes de ces absences sont nombreuses, il faut noter l'éloignement, la difficulté des chemins, surtout pendant le mauvais temps, la maladie, l'indifférence des parents, leur pauvreté, et quelquefois aussi, il faut bien l'avouer, la négligence des maîtres qui se tiennent trop à l'écart et ne font pas assez comprendre aux pères de famille toute l'importance d'une fréquentation régulière.

PERSONNEL. — Les 13 écoles congréganistes de garçons comptent 66 maîtres, dont 62 frères de la Doctrine chrétienne, 2 adjoints laïques et 2 frères du Saint-Esprit qui dirigent l'école de la Montagne à Saint-Denis.

Les 28 écoles congréganistes de filles occupent 90 maîtresses, dont 70 sœurs de Saint-Joseph et 20 filles de Marie.

Dans les 37 écoles laïques de garçons sont employés 64 instituteurs, et 48 institutrices dans les 26 écoles de filles.

L'instruction est donc donnée dans ces 116 écoles par 268 personnes, soit environ 1 maître pour 42 élèves. — Sous le rapport des brevets de capacité, ces différentes classes de fonc-tionnaires présentent des disparates bien frappants.

Ainsi sur 114 instituteurs et institutrices laïques en y comprenant les 2 maîtres adjoints à l'école congréganiste de Saint-Denis, 92 sont munis de leur brevet ; tandis que sur 154 con-gréganistes, 27 seulement en sont pourvus : ce sont tous des frères de la Doctrine chrétienne.

Examens — Concours

CERTIFICATS D'ÉTUDES PRIMAIRES. — Les examens pour le certificat d'études primaires institués par un arrêté du 20 juin 1881, ont eu lieu pour la première fois cette année, dans toute la Colonie. Bien que maîtres et élèves aient été pris un peu au dépourvu et n'aient pu, faute de temps, donner à la préparation de cet examen tous les soins désirables, les résultats ont été réelle-ment très satisfaisants. Tous les directeurs et directrices d'écoles, même des plus humbles écoles de hameau, ont tenu à honneur de présenter leurs meilleurs élèves — 222 candidats se sont fait inscrire ; 172 certificats ont été délivrés. En voici la répartition :

Candidats inscrits	—	Reçus		
Garçons : 121		91	Ecoles congr.	52
			Ecoles laïques	39
Filles : 101		81	Ecoles congr.	39
			Ecoles laïques	42
222		172		172

BREVETS DE CAPACITÉ. — Les examens, pour le brevet de capacité, ont eu lieu en juillet et novembre. Ils ont donné les résultats suivants :

SESSION DE JUILLET

Instituteurs.

Brevet simple — 17 aspirants — 6 reçus.
— complet — 1 aspirant —

Institutrices.

Brevet 2e ordre — 29 aspirantes — 24 reçues.
— de 1er ordre — 29 aspirantes — 20 —

SESSION DE NOVEMBRE

Instituteurs.

Brevet simple — 20 candidats — 8 reçus.
— complet — 2 candidats — 1 reçu (pour
la 1re série).

Institutrices.

Brevet 2e ordre — 17 aspirantes — 11 reçues.
— de 1er ordre — 7 aspirantes — 2 —

On voit par ce qui précède, que sur 40 candidats, 15 ont subi les examens avec succès, soit 37, 5 0/0, et que les 82 aspirantes ont obtenu 57 brevets, soit près de 69 0/0.

La proportion des jeunes filles reçues est vraiment magnifique. Je dois dire cependant, que si la commission d'examen à dû montrer envers les jeunes gens une indulgence quelquefois poussée jusqu'à l'extrême limite, elle n'a jamais fait qu'un acte de rigoureuse justice en conférant aux aspirantes le diplôme qu'elles sollicitaient.

La législation sur l'instruction primaire à la Réunion, il faut bien l'avouer, est appliquée d'une manière irrégulière. L'ordonnance locale du 1er juillet 1820 et celle du 28 juillet 1821 imposent à toute personne qui veut se livrer à l'enseignement, l'obligation d'être pourvue d'un brevet de capacité. L'arrêté du 23 mars 1849 a confirmé cette obligation. Ces divers règlements n'ont jamais été rapportés : ils existent toujours, mais ils ne sont pas appliqués. Les équivalences (Présentation des supérieurs pour les instituteurs congréganistes, lettres d'obédience pour les religieuses) instituées par la loi du 15 mars 1850, ont été étendues à la Colonie, bien que cette loi n'ait jamais été promulguée à la Réunion. Or cette loi a disparu ; avec elle doivent disparaître également les priviléges qu'elle a créés. Soit donc que l'on suive les règlements locaux, soit que l'on invoque la législation métropolitaine, la dispense du brevet de capacité n'existe plus. C'est ce que comprennent parfaitement les frères de la Doctrine chrétienne qui se présentent et se présenteront en grand nombre aux examens, pour satisfaire au vœu de la loi. Nous ne pouvons que les féliciter de leurs louables efforts pour régulariser leur situation ou du moins pour la mettre à l'abri contre toute éventualité. — Pourquoi leur exemple n'est-il pas imité par les institutrices congréganistes ? Il en est parmi elles de très capables et de très méritantes : aucune cependant ne se présente aux examens. Il serait temps, à notre avis, de faire rentrer tout le monde dans le droit commun. L'intérêt de l'enseignement, l'humanité, la justice nous en fait un devoir.

Cette mesure va être appliquée aux instituteurs

et aux institutrices laïques. J'ai prévenu les quelques adjoints et adjointes non brevetés, qu'ils ne seraient pas conservés à leur poste, s'ils ne se présentaient pas aux prochains examens. Il nous semble qu'il n'y aurait rien d'excessif à étendre cette obligation à tous les maîtres sans exception.

ÉCOLE NORMALE. — Un arrêté local du 16 novembre dernier a créé à Saint-Denis, selon le vote du Conseil général, une école normale destinée à former des instituteurs primaires dans la Colonie — 56 candidats se sont fait inscrire ; 52 ont pris part aux compositions ; 42 ont été admis à subir les épreuves orales, et 32 déclarés définitivement admissibles. Ce résultat est d'autant plus encourageant que nous éprouvions de graves préoccupations sur la réussite de cette œuvre, à cause de la sourde opposition qui nous était signalée.

L'école en ce moment, compte 15 élèves, dont 4 boursiers coloniaux, 7 boursiers communaux internes, 2 boursiers communaux externes, et 2 externes libres.

Les communes qui jusqu'ici, ont répondu à notre appel, sont Saint-Pierre et Saint-Benoit qui ont voté deux bourses ; Saint-Joseph, la Plaine des Palmistes et Salazie, une bourse ; Saint-Denis, 2 demi-bourses (externes).

Ces jeunes gens choisis parmi les meilleurs, paraissent doués d'un vif désir de s'instruire et d'être appelés prochainement à enseigner eux-mêmes à leurs élèves ce qu'ils apprennent en ce moment à l'École, c'est-à-dire non seulement les matières qui composent le programme de l'enseignement primaire, mais encore l'amour du travail, le sentiment du devoir, la connaissance et le respect des institutions que notre patrie s'est librement données.

Mais pour compléter l'éducation professionnelle de ces jeunes maîtres, il sera nécessaire d'annexer à l'Ecole Normale une école primaire où ils iront se former à la pratique de l'enseignement.

Ce vœu nous l'espérons, sera bientôt réalisé, grâce à la généreuse sollicitude du Conseil municipal de Saint-Denis qui se propose d'établir l'Ecole Normale au milieu d'une école centrale laïque de garçons.

CONFÉRENCES PÉDAGOGIQUES. — Enfin, pour que les bienfaits de cette éducation ne soient point perdus et puissent profiter aux instituteurs et institutrices qui ne sont point passés par l'école ; pour faire sortir ces maîtres d'un isolement qui énerve et décourage ; pour leur faciliter l'occasion de nouer ensemble de bonnes relations de confraternité ; en un mot, pour établir entre eux cette communion d'idées, de principes, de méthodes et cette solidarité professionnelle qui donne la force et assure le succès, il est indispensable que tous les membres du personnel enseignant se réunissent, sous la présidence du Vice-Recteur ou de l'Inspecteur primaire, dans des conférences pédagogiques où chacun viendra apporter, comme à un patrimoine commun, le résultat de ses observations personnelles et le fruit de son expérience.

VISITE DES ÉCOLES. — Toutes les écoles, sans exception, ont été inspectées à fond dans l'année ; un assez grand nombre d'entre elles ont été visitées plusieurs fois. Chaque école a été l'objet d'un rapport particulier. Nous avons constaté avec un vif plaisir, que les instituteurs et institutrices cherchent à profiter des observations et des conseils qui leur ont été adressés dans une première visite, et qu'ils s'acquittent de leurs fonctions avec plus de soin, d'intelligence et de bonne volonté.

La fréquence des inspections est nécessaire au bon fonctionnement du service : elles stimulent les uns. encouragent les autres, inspirent à tous plus d'ardeur et d'émulation.

Malheureusement les visites du Vice-Recteur et de l'Inspecteur primaire ne peuvent avoir lieu. qu'à des intervalles assez éloignés. — Aussi serait-il désirable de créer un second poste d'inspecteur primaire, en résidence à St-Pierre. En attendant la réalisation de ce vœu, les comités communaux d'instruction publique peuvent nous apporter un concours précieux. Placés auprès des écoles, vivant avec les instituteurs et les parents des élèves, les membres de ces comités peuvent avoir une influence considérable sur l'instruction, s'ils consentent à visiter souvent les classes, s'enquérir des besoins des maîtres et de l'école, s'informer des progrès des élèves, encourager les uns, réprimander les autres, adresser des observations aux parents dont les enfants s'absentent trop souvent, en un mot exercer une surveillance constante et par conséquent efficace. Ils sont les tuteurs naturels des écoles ; ils n'oublieront pas, nous aimons à l'espérer, que toute visite des classes, si courte soit-elle, est un bienfait pour le maître et pour les élèves.

TENUE DES ÉCOLES. — La tenue des écoles est généralement bonne ; à part quelques re-

grettables exceptions, l'ordre et la discipline rè-
gnent dans toutes les classes. Les enfants du
reste sont généralement dociles, et cette disposition rend la tâche du maître plus facile.

ENSEIGNEMENT. — Quant à l'enseignement
il donne lieu aux observations suivantes :

LECTURE. — Si la lecture, dans quelques écoles, est bonne, accentuée, correcte, intelligente;
dans d'autres, elle est monotone, languissante,
défectueuse. L'accent créole domine, ou du moins
se fait presque partout sentir, et les maîtres ne
songent pas toujours à le corriger. Les explications sont généralement insuffisantes ; souvent
même, la lecture terminée, le livre est fermé,
sans que le maître songe à s'assurer si les pas-
sages lus sont compris des élèves.

ÉCRITURE. — Dans les écoles congréganistes l'écriture est incontestablement meilleure que
dans les écoles laïques. Je dois ajouter cependant, que depuis quelque temps, on fait de louables efforts pour faire disparaître cette inério-
rité, et qu'il s'est fait sous ce rapport de no-
tables progrès.

DESSIN — Dans quelques écoles congréganistes on enseigne le dessin linéaire. Les élèves
aiment généralement ce genre d'étude dans le-
quel ils font de rapides progrès. Les principa-
les écoles laïques se disposent à suivre cet exemple que nous ne pouvons qu'encourager.

HISTOIRE ET GÉOGRAPHIE — ARITHMÉTI-
QUE. — L'enseignement de l'histoire, de la géographie et de l'arithmétique est trop négligé. On

peut même dire qu'il est à peu près nul dans les écoles congréganistes de filles.

FRANÇAIS. — Le français ne va pas mal ; cependant dans beaucoup d'écoles, il est donné sans intelligence ou du moins sans méthode. Nous avons eu souvent à signaler l'abus des longues analyses écrites, des conjugaisons, des exercices grammaticaux qui rebutent les élèves, et mettent leur patience à une trop rude épreuve.

En général le livre joue un trop grand rôle dans les écoles. Le maître ne paye pas assez de sa personne. Les lectures, les récitations ne sont que rarement accompagnées de commentaires ou d'explications qui forment la partie la plus intéressante et la plus instructive de la classe. Les exercices au tableau ne sont pas assez fréquents. L'enseignement historique et géographique se borne trop souvent à des nomenclatures sèches et ennuyeuses. En un mot, on ne s'adresse guère qu'à la mémoire de l'enfant et l'on semble ignorer que le jugement et l'esprit de raisonnement ont besoin d'être exercés et guidés. Peu de maîtres connaissent les bonnes méthodes pédagogiques ; quelques-uns ne savent pas apprécier la grandeur de leur mission ni la dignité de leur profession. Trop abandonnés jusqu'ici, n'ayant point devant eux l'espoir d'un avancement régulier et la perspective d'une retraite pour leur vieillesse, ils se contentaient, la plupart du temps, de vivre au jour le jour, et s'acquittaient de leur tâche sans goût et par conséquent sans profit pour les élèves.

Depuis quelque temps, cette situation s'est bien améliorée ; les conseils donnés aux instituteurs, la visite de leurs écoles, la reconnaissance de de leurs droits à une pension de retraite, la certitude qu'ils ont de pouvoir compter sur la bienveillance de l'Administration, mais aussi de s'exposer à sa juste sévérité, les changements qui ont eu lieu comme récompense de bons services ou comme mesures disciplinaires, tout en un mot stimule leurs efforts, et les encourage à remplir consciencieusement des devoirs qui leur sont imposés.

RÉPARTITION DES ÉLÈVES DANS LES GRANDES ÉCOLES. — Les écoles congréganistes comptent de nombreux élèves (3,000 environ pour les 12 écoles tenues par les frères de la Doctrine chrétienne, soit 250 élèves par école).

Le nombre des divisions dans chaque école varie de 3 à 13. Mais les élèves sont répartis dans ces différentes classes, d'une manière fort inégale. Il y a telle école où la 1re division contient une vingtaine d'élèves, et la dernière plus de 150.

La 1re division est généralement l'objet de soins tout particuliers. Les élèves peu nombreux de force égale, dirigés par le meilleur des maîtres, forment une bonne classe. Mais les autres divisions, surtout la dernière où le maître a trop d'élèves à surveiller et à instruire, sont généralement d'une grande faiblesse. Le jugement porté sur ces écoles peut donc être ou trop favorable, ou trop sévère, selon la division qui aura été interrogée. Ce n'est qu'après une inspection complète qu'il est possible de les apprécier équitablement.

Les Directeurs ne doivent pas oublier que l'école n'est pas faite pour former, au détriment de leurs camarades, un petit noyau d'élèves privilégiés destinés à leur faire honneur dans les examens , mais pour distribuer à tous, sans exception, une instruction moyenne dont il est honteux et dangereux en même temps d'être privé aujourd'hui.

COMPARAISON ENTRE L'ENSEIGNEMENT LAÏQUE ET L'ENSEIGNEMENT CONGRÉGANISTE. — On s'accorde généralement à dire que l'enseignement congréganiste est supérieur à l'enseignement laïque. Cette affirmation, qui date de longtemps, a pris dans la Colonie le caractère d'une vérité incontestable.

J'aurais voulu laisser de côté cette question délicate, non point parce qu'elle peut devenir irritante, mais parce qu'une discussion sur ce sujet me semble inutile. Pour moi en effet, il n'y a point dans nos écoles publiques deux enseignements ennemis ou simplement rivaux ; il n'existe qu'un seul enseignement donné par des fonctionnaires, conformément aux lois établies, sous le contrôle ou la surveillance de l'Administration.

Mais en présence d'opinions exprimées si nettement, je dois aussi faire connaître la mienne : le silence ne m'est pas permis. — Sans vouloir diminuer en quoique ce soit le mérite des uns, ni dissimuler ce qu'il peut y avoir de défectueux chez les autres, il me semble qu'on ne rend ni aux instituteurs laïques, ni aux instituteurs congréganistes, une justice rigoureuse et entière. Soit dans la critique, soit dans l'éloge, on va trop loin.

Les premiers peuvent, avec quelque raison, se plaindre de la sévérité des jugements portés contre eux, les autres s'étonner peut-être de l'excès même des louanges qu'on leur prodigue. Lorsqu'on se trouve en présence de la réalité des choses, l'enthousiasme diminue un peu et l'on se sent

porté à l'indulgence pour ces modestes instituteurs qui, relégués souvent dans des hameaux
éloignés, mal installés, mal logés, n'ayant à leur
disposition qu'un matériel très incomplet, man-
quant quelquefois de tables, de bancs, de livres
même, en un mot de ces objets aussi nécessaires à l'instituteur que l'outil à l'ouvrier, obli-
gés enfin de dispenser leurs soins entre des élèves de force différente, ne se laissent pourtant pas
décourager malgré tant de motifs de décourage-
ment, soutiennent la lutte sans trop de désavan-
tage malgré tant de causes d'infériorité, et savent
obtenir des résultats sinon magnifiques, du moins
généralement satisfaisants.

D'ailleurs pour que la comparaison entre ces
deux enseignements pût être établie d'une manière
équitable, il faudrait qu'ils se trouvassent dans
des conditions identiques. Or, nous savons qu'il
n'en est pas ainsi. Mais nous pouvons prendre
pour termes de comparaison les écoles où un enseignement a été substitué à l'autre. Les conditions, après cette substitution, étant restées exac-
tement les mêmes sous le rapport de l'installation comme sous le rapport des élèves. Nous
pouvons, du moins, pour ces cas particuliers,
comparer la valeur de ces deux enseignements par
les résultats obtenus pendant l'année 1881. Les
frères de la Doctrine chrétienne ont quitté trois
écoles : celle de Saint-Leu, celle du Quartier-
Français, et celle de Sainte-Suzanne. De ces
écoles, une était notée comme mauvaise, une comme
médiocre, une comme passable. Bien que les
instituteurs laïques n'en aient la direction que
depuis quelques mois, deux de ces écoles sont
classées parmi les bonnes, et la 3e parmi celles

qui sont assez bonnes. On voit donc qu'elles n'ont rien perdu à la transformation.

Je ne prétends point de ces faits particuliers tirer une conclusion générale ; je tiens seulement à constater qu'il y a des deux côtés de bons éléments comme il y en a de médiocres, et qu'il serait téméraire d'exalter les uns aux dépens des autres.

CRÉATION D'ÉCOLES. — Après avoir constaté le nombre des établissements où les enfants reçoivent l'enseignement primaire et leur valeur respective, il me reste à signaler les localités où il me semble nécessaire d'ouvrir des écoles nouvelles, ou de transformer celles qui existent en ce moment.

Saint-Paul. — *La Nouvelle*. — Ecole de filles.

Block ou *Mafate*. — 1 école de garçons et 1 école de filles. Cependant une école mixte dans chacune de ces localités serait peut-être suffisante.

Dos d'Ane. — Ecole de filles, à transformer l'école de garçons en école mixte.

St-Gilles les bas. — Ecole de garçons à créer, l'école mixte n'est pas suffisante.

Bout de l'Etang. — Ecole de garçons.

Saint-Leu. — *Les Colimaçons*. — Ecole de garçons.

Saint-Louis. — *Ravine Sèche*. — Ecole de garçons à transporter auprès de l'école des filles.

Le Pavillon. — Population importante sans école. Il faudrait au moins une école mixte.

Saint-Pierre. — *Grand Bassin*. — Ecole de garçons. L'école mixte est insuffisante.

Bras de Pontho. — Ecole de filles.

Ravine des Cabris. — Au haut de la Ravine des Cabris se trouve un village qui compte au moins 150 enfants dans l'âge scolaire. Il faudrait 2 écoles.

Saint-Joseph. — *Roche Plate*. — Ecole de filles ; ou du moins transformer l'école actuelle en école mixte.

Plaine des Grègues. — Ecole de filles.

Saint-Philippe. — *Le Tremblet*. — Village important et petit port de mer. Il faudrait une école pour chaque sexe.

Sainte-Rose. — *Le Bois Blanc*. — Village important n'a pas d'école. Il faudrait au moins une école mixte.

Saint-Benoit. — *Bethléem*. — Ecole de garçons.

Sainte-Marie. — *Rivière des Pluies*. — Ecole de garçons.

CONCLUSION. — Vous voyez, Monsieur le Gouverneur, par cet exposé que si l'on a beaucoup fait pour l'Instruction publique, il reste encore beaucoup à faire.

Nous avons à former un corps bien uni de bons instituteurs dévoués à leurs fonctions et aux institutions républicaines. L'école normale primaire pourvoira à ce besoin.

Quant aux jeunes filles, elles continueront à trouver, soit dans les pensionnats libres, soit dans les écoles communales, les ressources largement suffisantes à leur instruction et à leur éducation.

Il nous faut, dans des conférences pédagogiques, compléter l'éducation professionnelle des maîtres et des maîtresses, stimuler leur zèle par de fréquentes visites, les attacher à leurs fonctions par l'espérance d'un avancement régulier et par l'espoir de récompenses soit honorifiques, soit pécuniaires, enfin leur demander des garanties de savoir par la présentation du brevet de capacité.

Quant aux écoles, il faut les multiplier sur tous les points de la Colonie, afin d'arracher à l'ignorance et à la paresse les 12,000 enfants qui ne reçoivent aujourd'hui aucune instruction; il faut améliorer l'installation matérielle, compléter le mobilier et l'outillage scolaires sans lesquels les efforts des maîtres restent impuissants.

Grâce à votre sollicitude, Monsieur le Gouverneur, grâce à la générosité du Conseil général, grâce au concours empressé des municipalités, cette grande œuvre sera bientôt accomplie. Nou espérons que le Ministère, en faisant participer la Réunion aux bienfaits de la loi du 1er juin 1878, facilitera cette lourde tâche en procurant à bon marché les fonds nécessaires pour faire face à toutes ces dépenses.

Mais dût la Colonie ne compter que sur elle-même, elle continuera, j'en suis certain, à marcher résolûment dans la voie du progrès. La population de la Réunion voudra fermement conserver le rang glorieux qu'elle occupe à la tête des colonies françaises par son intelligence, son esprit libéral et son amour de l'instruction. Elle sait que l'argent dépensé pour instruire les enfants est un capital placé à gros intérêts, et que, si l'on a dit avec raison : tant vaut l'homme, tant vaut l'école, on peut ajouter avec non moins de vérité : tant vaut l'école, tant vaut la nation.

Le Vice-Recteur p. i.,

LECADET.

Typ. de TH. DROUHET fils, St-Denis.